Josefine Müllers

Glanz wie vom ersten Tage

Schöpfungsgesänge:

Engel-Gesänge

und

Ich war und ich bin -

Lyrischer Schöpfungshymnus in zehn
Gesängen

Josefine Müllers

Glanz wie vom ersten Tage
Schöpfungsgesänge

1. Auflage 2019

Gestaltung: Josefine Müllers
Fotos: Josefine Müllers und Pixabay

Verlag: tradition GmbH, Halenreie 40 – 44
22359 Hamburg

ISBN Paperback   978-3-7497-6557-7
ISBN Hardcover   978-3-7497-6558-4
ISBN e-book   978-3-7497-6559-1

Die deutsche Nationalbibliothek verzeichnet diese Publikation in der Deutschen Nationalbibliographie. Detaillierte bibliografische Daten sind im Internet abrufbar unter: http://dnb.d-nb.de

Einladung an den Leser

Der vorliegende Gedichtband *Glanz wie vom ersten Tage - Schöpfungsgesänge* enthält im ersten Teil eine reiche Sammlung von *Engel-Gesängen* und im zweiten Teil einen Schöpfungshymnus in zehn Gesängen mit dem Titel *Ich war und ich bin*.

Die Engel-Gedichte möchten Sie einladen zu einer neuen erweiterten Sicht auf das Phänomen „Engel".
Der Engel, wie schon sein aus dem Griechischen stammender Name *ággelos = der Bote* sagt, gilt von alters her als Mittler zwischen Himmel und Erde, als Bote Gottes an die Menschen. Dabei bezieht sich der Name *ággelos* oder *angelos* nicht auf individuelle Charakterzüge, sondern auf die wesentlichen Aufgaben dieser göttlichen Helfer. Engel wirken in den Grenzbereichen zwischen Immanenz und Transzendenz als Künder, Inspirator, Deuter von Träumen und Visionen, als Schwellenhüter, Initiationsmeister, Geleiter und Tröster der Menschen, Befreier und Beschützer, und dies immer im Dienste des Göttlichen.

Ihre besondere Aufmerksamkeit möchte ich lenken auf die Engel als Schaffende, Erhaltende und Gestaltende in der göttlichen Schöpfung, und zwar sowohl im Kosmischen wie im Bereich der lebendigen Natur. Sie können hier als Kräfte verstanden werden, welche die ursprüngliche Schönheit des Seins und den Ewigkeits-Glanz des göttlichen Anbeginns zur

Erscheinung bringen. In diesem Sinne sind Engel „Ideen Gottes", wie Meister Eckhart es ausdrückt, Archetypen des menschlichen Seins - sich in der Seele des Menschen entfaltende Ideen -, welche wesenhaft und momenthaft ein Phänomen in poetischen Bildern aufscheinen lassen.

Dies strebt auch der lyrische Schöpfungshymnus des zweiten Teiles *Ich war und ich bin* an. Er besingt sowohl die ungeheure Artenvielfalt der Natur und den Wandel allen Lebens innerhalb der Zeitlichkeit, an welchem die ontische Seele teilhat, als auch die kosmisch-feinstofflichen Bereiche und das immerwährende Sein, in welches der Geist des Menschen als Höheres Selbst hineinragt.

Eingedenk dessen möchte ich Sie, liebe Leserin, lieber Leser, zu einem besinnlichen und kreativen Umgang sowohl mit dem Thema „Engel" wie mit dem Thema „Schöpfung" anregen. Lassen Sie die Lektüre und Ihr Schauen auf das Herz wirken, denn dort findet alles Himmlische seine Resonanz und seinen wunderbaren Nachhall. Mögen Sie viel Freude haben an der Entdeckung neuer Symbol- und Vorstellungswelten und an den vielen Tönen und Zwischentönen der himmlischen Gesänge!

Josefine Müllers

Inhalt

Einladung an den Leser

Gedicht-Titel

A) Engel-Gesänge

B) Ich war und ich bin

Engel -Gesänge

Mein Hausengel Laudatus Candidus

Er erscheint wie von fernen Himmeln gesandt.
So, als käme er gerade aus den Lüften geschwebt,
Steht der Wipfel seines Umhangs noch wie vom
Wind bewegt,
Und der weiße Faltenwurf über dem roten Gewand
Bedeckt das ehrfurchtsvoll gebeugte Knie,
Diese Geste, Gruß des Himmelsboten nennt man sie.

Liebe durchwaltet die anmutige Gestalt,
Und das holde Antlitz, von braunen Locken umwallt,
Hält den Blick nach oben, sonnengelichtet,
Die Flügel sind wie zum Gebet hoch aufgerichtet.
Mit einem geheimen Lächeln, himmlisch verzückt,
Spielt er zu Gottes Freude, allem Irdischen entrückt.

Fest greift er in des Psalteriums Saiten,
Dass es laut ertönt in des Himmels Weiten,
Das Lob, das er zu Gottes Ehre erbringt,
Wenn er die Schöpfung preisend besingt.
So geschaffen, ein Werk großer Bildhauerkunst,
Steht er als erhabener Mittler in hoher Gunst.

Der Zwillingsengel

Er gleicht dir
Wenn du lachst
Über die Scherze der Kinder

Er gleicht dir
Wenn du weinst
Über die Qualen der Erde

Er gleicht dir
Wenn du linderst
Das Unglück der Welt

Wenn du zuhörst
Tröstest
Umarmst und liebst

Er gleicht dir
Und ist doch nicht
Von dieser Welt

Er gleicht dir
Ein Anderer geboren
Aus dem Herzen Gottes

Mit den Augen der Liebe

(Meinem Engel)

Im Faltenwurf
Deines tiefblauen Gewandes
Strahlendes Licht
Der Himmel des Südens

In deinem Flügelrauschen
Tosende Brandung
Herzschlag
Des unendlichen Meeres

In deinem Wimpernschlag
Mein Leben zusammengefaltet
Zu einem Augenblick
Der Ewigkeit

Und über allem der Friede
Deines sinnenden Lächelns
Da du mich anschaust
Mit den Augen der Liebe

Der Blick des Engels

(Dem Engel der Felsgrottenmadonna
von Leonardo da Vinci)

Sieh mich doch an,
So wag es nur!
Ich bin die Liebe
In Androgyn-Natur.

Bin Rose des Lichts,
Bin der Lilie Zier,
Und scheine holdselig
Immerdar in mir.

Bestehst du den Blick,
Der dein Herz ermisst,
So gehst du nimmer fort
Wie du gekommen bist.

Hörst du den Engel?

Hörst du den Engel tief im Innern singen?
Vertrau dem Lied, dann wird es langsam licht.
Ergreif den Tag in frohem Neubeginnen
Und Melodien des Seins entbergen sich.

La souffrance des anges terrestres

Nous errons dans le monde
Comme des anges aveugles
Souffrant des amours
De siècles passés.
Emus par le vent,
Par les plaies de la terre
Nous sommes ici, ne comprenant guère
Que nous sommes ici les sons
Plus profonds d'une lumière cachée,
Eternel rayon d'un amant de toujours,
Enfant gâtée en os et chairs
Ecoutant son coeur comme une source profonde
Nous errons sauvés ici dans ce monde.

(1. Version in Französisch)

Das Leiden der irdischen Engel

Wir irren umher in der Welt
Wie blinde Engel
Und erleiden die Lieben
Vergangener Zeiten,
Bewegt vom Wind,
Von den Wunden der Erde,
Sind wir hier, kaum verstehend,
Dass wir Töne hier sind,
So tief, eines verborgenen Lichtes,
Ewigkeitsstrahl eines zeitlos Liebenden,
Verwöhntes Kind in irdischem Leib,
Seinem Herzen wie einer tiefen Quelle lauschend,
Irren wir umher, gerettet in der Welt.

(Übertragung ins Deutsche)

Der Schöpfungsengel

(Dem Schöpfungsengel aus M. Chagalls *Schöpfung*)

Dem Quellgrund Ewiger Liebe,
dem drehenden Sonnenrad
der Schöpfung
entwandst Du den Menschen.

Nun trägst Du ihn sanft
durch die Welt,
den Schlafenden.

Bis einst,
gezündet
im Geistfeuer Deines Blicks,
er erwacht
zur Feier des Lebens.

Die Erweckung

Die Trompete ertönt,
Erhebe dich, Mensch!
Sonnen entzünden sich
Im Innern der Erde.
Das Heilige, sieh,
Es tagt sein Ereignis!
Erwache, Mensch,
Aus dem Schlaf deines Lebens!
Erhebe dich, Mensch
Zum Ewigen des Seins!

Seine Prüfung*

Hab acht!
Er kommt
Unerwartet und plötzlich
Bei Nacht
Er misst deine Kräfte
Er liest deine Gedanken
Er bohrt seinen Blick
Pfeilschnell
In dein Herz
Prüft seine Klarheit und Stärke
Und schleift es
Mit göttlichem Willen
Zum funkelnden
Diamanten.

Der Engel

Liebender Du,
wer könnte Dich
je begreifen?
Dein Gewand
aus saphirblauem Äther,
Die Spur von Rosenduft
auf Deinen Flügeln,
Den Klang Deines Namens,
der bis in ferne Räume schwingt,
Dein Wort,
das Welten erschafft
und in Seelen dringt?
Wer könnte Dich
Je begreifen,
Du Liebender?

Der Lächelnde

(Dem lächelnden Engel der Kathedrale von Reims)

Mächtiger!
Dein Lächeln
Durchstrahlt die Welt
Die du hältst
In den Fittichen
Deiner Unendlichkeit
Die Du wägst
In den Schalen
Deiner Geduld.

Der Friedensengel

Wenn er doch käme
endlich
und breitet'
sein blaues Gewand
über die Wunden der Erde!

Wenn er doch käme
und trocknet'
mit Daunen-Flügeln
die Tränen
in den Tälern des Todes!

Wenn er doch käme
schon heute
lautlos
mit lauter weißen Tauben
in seinem Gefolge!

Der Morgenengel

Im Garten
meiner Seele
blüht
die Rose
der Freude.
Mit Morgentauperlen
tränkt sie
der Atem
des Engels

Der Engel des Lebens

Unbemerkt
wie nebenher
pflegt er zu erscheinen,
gleitet in deinen Augenblick,
wendet dir sein Licht zu,
strahlt
im Antlitz eines Knaben,
glüht
im Blühen einer Rose,
singt
im Lied einer Amsel.

Bist du traurig,
schenkt er dir Trost
in der Umarmung einer Freundin,
Lachen
in der Kindheitserinnerung eines Bruders
Sinn
in einem plötzlich erfassten Gedicht.

Es spricht
der Engel der Neuen Erde

Siehst du meinen Glanz?
Irdisch freudiges Entzücken.
Begreifst du mich erst ganz
Himmlisch seliges Beglücken.
In einem Kuss, einem Reigentanz
Lichtewiges Entrücken

Der Frühlingsengel

Leuchtend grün ist sein Gewand
und über und über besät mit Karfunkeln,
Saphir, Smaragd und glühendem Granat.
Aus blauen Vergissmeinnicht-Augen
schießen Strahlen güldenen Äthers,
und anmutig trägt er auf lichtem Haupte den Kranz
aus Mohn so rot und weißer Myrte.

Primeln, in großer Zahl, blaue, weiße, gelbe
schließen den Himmel auf,
der vor Seligkeit jauchzt in tausendfältigem Gesang.
Roter Tulpenmund kündet wieder die Schönheit der
Erde,
der himmlisch Erwählten, der lieblich Geschmück-
ten.

Osterglocken, feurig, läuten zur großen Feier,
zum Brautfest von Himmel und Erde,
zur Wiedergeburt des herrlichen Jünglings,
an dessen Busen verborgen ein Sträußlein steckt,
ein Sträußlein aus tränenden Herzen,
solche die Liebe preisen und die Geburt
in all ihren Freuden, in all ihren Schmerzen.

Der Aurora-Engel

Mit Rosen-Füßen betritt er die Erde,
Ruft dem jungen Tag ein freudiges „Werde!".
Der Dämmer-Schleier reißt plötzlich auf,
Mit Trompetenschall steigt die Sonne herauf.
Lichtfunken sprühen aus ihrem Mund,
Malen Täler und Wiesen bunt.
Und jedes Blümlein zart und fein
Trägt hoch entzückt einen Edelstein.
Mit heiligem Schauer erwacht die Welt
Wie vom Glanz des ersten Tages erhellt.

Der Engel der Heiterkeit

Er malt dein Bild
Mit den Farben des Lebens
Er lädt dich ein
Es weiterzumalen
Mit den Pinseln der Liebe
Dein Werk zu wagen
Gelassen und frei
Seinem Lachen zu folgen
Silberglockenton
Hell erklingend
Durch Weltenräume

Der himmlische Reiseführer*

Er geleitet dich sicher
Ans Ziel deiner Reise.

Er kennt das Mittel,
Deine Augen
Von Blindheit zu heilen.

Selber die Erde
Kaum berührend,
Lässt Er deine Schritte
Fester werden auf dem Wege,
Nimmt deine Hand,
Wenn du strauchelst;

Und zieht ein Sturm,
Die böse Laune des Saul,
Am Himmel deiner Seele auf,
Hüllt Er dich fest

In seine Flügel
Ein.

Der Schutzengel

Er steht hinter dir,
um dir den Rücken zu stärken.

Er geht neben dir
bei allen guten Taten und Werken.

Er nimmt dich an die Hand,
geht dein Weg in weite Fernen.

Er schwebt über dir,
willst du das Fliegen erlernen.

Er wirft sich unter dich,
um deinen Fall zu hemmen.

Er wendet alle seine Kraft auf,
dich erneut ins Leben zu stemmen.

Er springt dir zur Seite,
bist du wieder einmal schwach geworden,

und überwindest du dich selbst,
verleiht er dir den goldenen Ewigkeitsorden.

Er schreitet vor dir her,
dir Sternenbahnen zu zeigen.

Er lehrt dich anmutig tanzen
im großen kosmischen Reigen.

Und bist du schließlich müde,
so ruht er bei dir aus,

hält lächelnd deine Hand
und bestellt zugleich dein himmlisches Haus.

Meine Traumengel

Viele von ihnen
waren zu Gast
in der Nacht
in meinem Traum.
„Hallo", riefen sie,
„Schau, da sind wir."
Ich freute mich herzinnig.
Sie halfen mir
bei meinen Problemen.
Überall packten sie an.
Einer machte sogar
das verstopfte Abflussrohr wieder flott,
während ich krampfhaft überlegte,
was ich ihnen Gutes vorsetzen könnte
zum Großen Gastmahl.
Aber sie lächelten nur.
„Sorg dich nicht!" sagten sie,
„Wir kommen wieder,
wann immer du uns brauchst,
ruf einfach an unter Liebe 777."
Dabei legten sie bedeutungsvoll
den Finger auf den Mund.
Zum Abschied umarmten sie mich
und schenkten mir ganz viel
dunkelrotes, süßes Licht.
Das schmeckt nach würzigem Wein
und duftet stark
nach Ewigkeit.

Die Himmelsleiter

Die Himmelsleiter
wallt Ihr hinab
in den Traum
des Menschen
und sinnend
wirkt Ihr
Licht
in seiner Seele.

Der Bodensee-Engel

Windsbraut
streift
durch weiße Segel
misst
die Schärfe seiner Flügel
Unbewegt
der See
Spiegel seiner Seele
Unendlichkeit
blauender Tiefe

Sinnend
schreibt er
seine Botschaft
in die leise rauschende
Brandung

Dem Sommerengel

In Deinem belebenden Atem
Singt das neue Licht des Morgens.
In Deinem glühenden Blick
Erblüht die Rose zu vollendeter Pracht.
In Deinem leisen Schreiten
Weicht das scheue Reh
In die Mittagsstille des Waldes.
In der segnenden Geste Deiner Hand
Entschlummert alle wandelnde Kreatur.

Mein Sternenengel

Mit dem gleißenden Strahlensegel
Seines Flügels
Milchstraßen furchend,
zähmend
den sichelgehörnten Stier,
das Ährenkleid der Jungfrau
vergoldend,
schifft er,
gleitend
auf blauen
Himmelsozeanen,
lodernden Sonnen
entgegen.

Die Sprache der Engel*

Schwache Gefäße
Sind die Worte des Menschen
Für Euren heiligen Laut
Der hauchend
Räume erschafft.

Manchmal nur
Wird es Ereignis,
Das Göttliche,
Fügt sich
Der himmelschwingende Ton
In die Sprache des Menschen,
Fällt in sein Herz
Und wird dort Gesang.

Gesang
Euer SEIN.

Engelsflug

Auf seinen Schwingen ruhte ich die Nacht,
Als er sich langsam in den Himmel hob.
Sein Fliegen war kaum merkbar und so sacht,
Als ob es mit dem Äther sich verwob.

Wie auf samtenem Flügel eines Riesenfalters
Lag ich gebreitet, dicht an ihn gedrängt.
Die Zeit entschwand, mit ihr das Erdenalter,
Es war, als ob Musik mich tausendfach umfängt.

So schwebten wir schnell dem klaren Licht
entgegen,
Bald schien die Erde wie ein kleiner Ball,
Kontinente, Meere, dicht an dicht gelegen,
Und wir verschmolzen: Ton, Gesang, reiner Hall.

Tanz des Engels

Den Reigen zu lernen
begehrt auch
der Erleuchtete noch
von Dir.

Die Erde erstaunt
unter Deinen
himmelsbeschwingten Sohlen,
und Lilien
entsprießen frühlingsgleich
den Wiesen.

Nathanael*

Du Allgebärer.
Geschenk Gottes von Anbeginn.
Dein liebender Atem entfacht
Die Glut meiner Seele,
Zerbricht die Mauern der Angst,
Die meinen Himmel umstellen.

Voll Staunen betrete ich
Die heiligen Hallen
Des Sinnenden Herzens,
Wo der azurblaue Strahl
Deines Auges
Mich weckt
Zu geistiger Klarheit,
Dein goldenes Sternenlächeln
Mir Weisheit des Kosmos spricht,
Sphärenbote, Geduldiger.

Das Rauschen
Deiner alleserschauenden Schwingen
Durchweht meine Zeilen
Von jeher,
Lässt keinen Buchstaben
Neben dem anderen,
Ver-kehrt
Den Sinn von unten
Nach oben
Und macht mein Lied
Ewigkeitstauglich.

Die Musik der Engel

Geübte Meister
im Preisen des Ewigen,
Sinnend
erlauscht Euer Herz
Lauten- und Harfenklänge
aus den Tiefen des Seins,
Geschickliche Finger
wandeln die Töne
in Schwingung des Lichts,
beschreiben weisend
dem Menschen
die Bahn,
Geübte Meister
im Preisen des Ewigen.

Der Engel in dir selbst*

Die Hast des Alltags
Gleitet von deinen Schultern,
Schwere löst sich
Aus deinem Haar,
Schwarze Gedanken
Prallen ab
Von deinem Herzen,
Schrille Töne
Schwingen sich ein
In kosmische Klänge,
Wenn sanft sein Atem
Durch deine Windharfe streicht.

Der Engel der Fülle

Lachend greift er
In sein buntes Füllhorn,
Streut dir Rosenblätter
Auf deinen Weg,
Schenkt dir Sonnenblumen
Und saftige Sommerfrüchte.
Zur Feier des Lebens
Gibt es goldbraunes Brot
Und würzigen Wein
Aus der Kelter des Jahres.

Der Wolkenengel

Mit Bedacht
Hüllt er das Licht,
Den gleißenden Strahl
Seines sternklaren Auges,
In sein Gewand
Aus weißen Wolken.
Heiter wehen
Die silbernen Zipfel
Im Winde,
Und Perlen segnenden Taus
Tropfen herab,
Zu bereiten
Der Erde Schoß
Und des Menschen Herz,
Das irdene Gefäß,
Dem göttlichen Feuer
Von Ewigkeit her.

Die mystische Geburt

Seele sieh
Und erkenne!
In der Umarmung des Engels,
Deines himmlischen Bruders,
Wachsen dir Flügel,
Freudig gebiert das Herz
Die Frucht des Lichts und der Liebe.
Im Kuss des Gottes
Erkennst du
Das Wesen der Welt.

Der Engel des Herbstes

Warm fällt das Sonnenlicht
auf rotes Weinlaub
im verglühenden Blick seines Auges.

Blätter färben sich gelb, dann braun,
fallen tanzend zu Boden
im Rauschen des Baumes,
den sein Flügel gestreift.

Nebelschwaden legen sich sanft
über kahle Felder,
kühlender Hauch seines Atems,

Und auf dampfenden Wiesen,
funkelnde Perlen aus seinem Haar,
erglänzt erster Raureif.

Der Engel der Vergänglichkeit

Selber unvergänglich und ewig
Misst er allem Lebendigen
Seine ihm gemäße Zeit zu.
Im Vergehen schaut er das Werden,
Im Werden bereits das Vergehen.

Ist die Zeit des Abschieds gekommen,
Bläst er in seine Trompete
Und ein brausender Sturmwind
Fährt durch das lockere Blattwerk,
Löst die dürren Blätter vom Zweig,
Lässt sie auffahren im wirbelnden Tanz,
Dann kraftlos niedersinken zum Grund.

Auf den gelblich verblichenen Feldern
Trennt er die letzten reifen Ähren vom Halm,
Der sanfte Schnitter
Von jenseits des Berges.

Was haften wollte,
Ist sich zu lösen bereit nun,
Und im rotgoldenen Scheideblick
Der langsam versinkenden Sonne
Leuchtet verborgene Schönheit
Des Vergänglichen auf.

Der Engel des Abendrots

Goldene Schwingen breitet er über den See,
Sein strahlend' Gewand zieren Perlengebirge aus
Schnee.
Vögel schwirren auf in seinem blauen Haar
Und formen zu Schwärmen sich gar wunderbar.

Sein Haarreif aus blitzendem Feueropal
Erglänzt am hohen Himmelssaal.
Dem lächelnden Mund entströmen funkelnde
Sonnen,
Ein jubelnd' Lied, ein Chor der tausend Wonnen.

Aus seinem Auge bricht violett die Nacht
Und birgt die Erde wie eine Hand ganz sacht.

Der Engel der Nacht

Mit sanften Schwingen umfängt er die Erde
und drückt sie lautlos an sein großes Herz
in einer unsäglichen Liebes-Gebärde,
die tiefer dringt als aller Erdenschmerz.

Er öffnet den schwarzen Umhang aus Samt,
der schöner glänzt als das hellste Licht
und aus dessen Borte goldumflammt
der Kreis der Himmelstiere bricht.

Im Diadem, dem silbernen Sternenkranz,
blitzen funkelnd neue Gestirne auf:
Sie ordnen sich, oh himmlischer Schicksalslauf,
zu Figuren des Ewigen in sphärischem Tanz.

Der Engel des Todes

Lange hast du gewartet
Auf einen,
Der deinen sehnsuchtsvollen Blick erwidert,
Der dich sanft umfängt,
Der dich tröstend in seine Arme nimmt.

Du sahst ihn nicht,
Die Augen tränenblind
Von vergeblichem Hoffen,
Die Seele beladen
Mit Kummer und Irrsal,
Das Herz welk
Von verblichenen Wünschen.

Müde warst du
Und hobst deinen Blick zum Himmel,
Nicht wissend,
Dass er immer da ist,
Der Engel des Todes,
In dir, dich liebend.

Nun, da er dich geleitet
Über die Schwelle der Zeit,
Nun, da sich dein Blick wendet
In ungetrübte Klarheit,
Nun erstaunst du

Ob des nachtblauen Lichts
Seiner strahlenden Schönheit,

Ob des rosigen Morgens
Seiner unendlichen Güte.
Und lächelnd begreifst du
Alles bejahend
Endlich.

Dem Lichtbringer

Du Engel
schreitest durch mein Herz,
die Kerze
fest in den Händen,
Liebe fürsprechend,
leuchtest in die kleinste Kammer du noch
und erfüllst sie
mit Wärme
in kalter Winternacht.

Der Adventsengel

Stille ist sein Wesen.
In die große Ankunft versenkt,
Sinnt er die Wege des Lichts.
Ein wissendes Lächeln
Spielt um seine Lippen.
Ein Hauch zärtlicher Vorfreude
Bricht aus seinem glühenden Herzen,
Umstrahlt sein Antlitz,
Entzündet Kerze um Kerze
Im grünen Kranz der Erlösung:
Erleuchtet den Sinn der Unwissenden,
Spricht verzweifelten Seelen Mut zu,
Lehrt die Stolzen die Sprache der Vergebung
Und intoniert in allen Sphären
Das Hohe Lied der Liebe
Zur Feier des Lichts,
Zur Ankunft der Ewigen Schönheit.

Der Winterengel

Lautlos fliegt er hernieder
Schüttelt die mächtigen Schwingen
Und wattige Flocken
Rieseln aus luftigen Höhen.

Bedächtig breitet er
Über das frostige Land
Seinen Umhang aus glitzerndem Schnee,
Deckt die Erde mit weißem Schweigen.

Unter seiner dichten Kapuze
Funkeln grünblaue Augen,
Zuckendes Nordlicht, am Horizont auf.

Krachend zerbirst das Eis
Unter seinem leichten Tritt
Und Zapfen, erstarrt an grasigen Hängen,
Zerschmelzen und tropfen
Wie Tränen aus graugrünen Wimpern,

Wenn leise der Wind pfeift
Durch sein Glasglockenspiel
Und der Erde singt
Sein Lied von Stille und Frieden.

Der Engel der Verkündigung

Gabriel, der das weiße Einhorn treibet
In den reinen jungfräulichen Schoß,
Damit das Ewige auf Erden bleibet
Und sich erfüllet der Menschheit Los,
Der große Bote erscheint auf Erden,
Sein Flügel das irdische Haus überragt,
Er macht sich ganz klein, er dämpft sein Licht,
Als er hintritt vor die Gottesmagd,
Welche das Ziel der himmlischen Jagd,
Und zu ihr mit fester Stimme spricht:

„Gegrüßet seiest du, Himmelsbraut,
Du Auserwählte, du Lebensbronn,
Der göttliche Bräutigam hat dich erschaut,
Als Lieblichste unter der hellen Sonn'
Zu tragen den Heiland, den göttlichen Sohn,
Bereite dein Herz und deine Sinne,
Zu empfangen in Freuden den himmlischen Lohn,
Die reife Frucht der göttlichen Minne."

Die Jungfrau lächelt, der Engel entschwindet,
Die Hand mit der weißen Lilie, ein Traum?
Doch wie sie so sinnt und glaubt es kaum,
Sich Blumengeist ins Sein entwindet,
Und süßer Duft durchzieht den Raum.

Da glücklich errötend und zitternd sie flüstert:
„Dies ist wahrlich ein geheiligter Ort.
 Mir geschehe nach Deinem Wort!"

Der Schneeengel

Fröhlich sprang die Kleine aus dem Haus.
„Sieh Mama" rief sie lachend aus,
„Unserem Schneemann sind Flügel gewachsen,
Ist zum Schneeengel geworden über Nacht,
Der uns nun alle ganz sorglich bewacht."

„So wollen wir hoffen, dass die Sonne nicht scheint
Und Töchterchen über den geschmolzenen Engel
weint",
Sprach bedenklich die Mutter und sah auf das Kind.
„Aber weißt du denn nicht, was Engel sind?"
Gab dieses erstaunt der Mama zurück
Und warf auf den Schneeengel einen liebevollen
Blick.

„Engel schmelzen nie von außen, sondern nur von
innen.
Die Sonne, die macht ihnen gar nichts aus.
Sie schmelzen vor Liebe im Herzen drinnen
Und dann gehen sie zum Christuskind nach Haus."

Der Weihnachtsengel – Oh mysterium magnum

In still erstauntem Lächeln kniet er nieder
Vor einem Knäblein, das in einer Krippe liegt,
Begreift, mit ihm kehret die Schönheit wieder
Und die Liebe, die allen Tod besiegt.

Er beugt sein Haupt, er faltet seine Schwingen,
Gewohnt des Firmamentes Grenzen auszumessen,
Wie zum Gebet in einer frommen Geste ein.
Und alle Himmel heben an zu singen,
Auf ewig zu sprengen der Freude Fesseln
Und zu feiern das Kind, so lieblich und rein.

Und um den Menschen zu öffnen die Herzen
Für die göttliche Güte, das göttliche Licht,
Und zu entzünden viel innere Kerzen,
Damit es der Welt nie an Wärme gebricht.

Dem Engel des Lichts

Süßes Licht, oh wachs in mir
Nähre alles Blühen
Von dort drüben
Lass aus dem Trüben
Die verblichenen Mühen
Verglühen in Dir.

Verglühen das Leiden
In den Grund der Freuden
Zu himmlischem Entsprechen
Mich aufzubrechen
Mit Deiner Liebe sanftem Schein
Leucht in mir, o lass mich sein!

Der Engel der Liebenden

Er ist zwei und zugleich Einer,
Er ist hier und dort
In der Ferne und ganz nah
Wacht er über ihre Liebe,
Liest ihre Gedanken,
Erspürt ihre Gefühle,
Erkennt verborgene Wünsche.
Jeder liebende Blick,
Jede gütige Geste
Lässt seine Flügel wachsen,
Jedes liebende Wort
Wird zum Samen seiner Ewigkeiten.
Und fällt einmal Trauer sie an
Oder leidlicher Zwist hält ihre Sinne gefangen,
Wirkt er einen bunten Regenbogen
Von Herz zu Herz,
Brücke des Lichts
In ihr wahres Zuhause.

Der Engel der Goldenen Zeit

Mit dem Gewand aus frischen Rosendüften,
Dem Auge, welches spiegelnd Meere trinkt,
Wallt er herab in deine Traumgespinste
Und fragt nicht, sondern ist und strahlt.

An seinem Blick entzündet sich das Blühen,
Das Leuchten heller Frühlingsraine,
Und Freude, hell und klar wie eines Berges Quell,
Steigt aus den Tiefen seines Lichtgesangs.

Die Stimme, im Geheimnis still geübt,
Sie gleicht dem Flüstern dunkler Wälder,
Und seine Schwingen, wehend Ewiges erweckend,
Umfangen sanft, umschließen leicht das Herz der
Welt.

So kündet er, mit Kränzen reich
Die hohe Stirn umwunden,
Den neuen Morgen einer Goldenen Zeit,
Den Aufgang neuer Sonnen
In dem Gewirk der Ewigkeiten.

Ich war und ich bin
Lyrischer Schöpfungshymnus in zehn
Gesängen

IM Anfang war ich
ungeschieden noch
Himmel und Horizont
Wasser und Erde
ätherische Luft
und das Feuer der Sonnen
Planeten und ihre Bahnen des Lichts
Strömendes Lied im
Klingen der Sphären

Ich war spielendes Kind im Tal der Tränen
Lachender Greis im Dunkel des Grabes
Heiterer Quell und bitterer Fluss
Stoßkraft der Wurzeln und Singen des Baumes
Wasser des Himmels und Eis der Meere
Ich war Mond und Sonne
War Licht und Auge
Ich war Liebe, ich war Leben.

Ich war… und ich bin…
Das Eine
und dies Andere.

1. Gesang

Und ich brach den Apfel vom Baum des Lebens.
Die Zeit ward geboren
Und die Einheit zerbrach.
Ich wurde Tat des ersten Tages:

Ich war winziger Punkt im Auge des Sturms,
Blindes Staubkorn, ins All geschleudert,
War feuriges Blut in den Adern der Erde
Geronnen, erkaltet zu funkelndem Granat.
Ich war singender Mondstein an den Grenzen des
Orbits,
An der Großen Mutter Busen war ich Smaragd und
Rubin.
Ich war Rückgrat der Erde, ein riesiges Gebirge,
War Gaia, als Opfertisch zubereitet.
Ich war steinerne Säule dem Himmelsgewölbe,
War Eckstein des Tempels
Und Kiesel am Wegrand.
Ich war starker Fels in der wüsten Brandung
Und schmeichelnder Handstein wellengeglättet.
Ich war Kopfstein im Pflaster der schmutzigsten
Gasse
Und blitzender Diamant in der Krone des Königs.

All jenes Feine, Flüssige und Feste war ich…
Und ich bin dies Andere

    Das Geheimnis und die Offenbarung
    Urschleim der Prima Materia
    Die Eins und die Zehn der Tetraktys
    Das Schwarze und das Rote
    Kind im Bauch des Windes
    Die Schrift und der Sinn
    Der Herold mit dem Schlangenstab
    Das Buch mit den sieben Siegeln

Der Lapis und das Gold
Haus mit den vier mal sieben Türen

Da rief mich das Wasser
Und es regte sich das Leben.
Ich wurde Tat des zweiten Tages:

2. Gesang

In den Urgewässern der Meere
Trieb es mich umher,
Wellen umspülten mich,
Priele sogen mich,
Strudel zogen mich.
Ich war Urwurm im Schlick,
War Koralle im Riff,
Ich war weichleibige Qualle,
Schirmartige Medusa,
Durchscheinender Polyp,
War biegsamer Seestern
Und vielarmiger Pulpo.
Als jagender Hai durchkämmte ich die Fluten
Und ritt auf den Wellen als spielender Delphin.
Ich glitt durch die Weltmeere, ein riesiger Wal,
Und säugte die Jungen in dunkler Tiefe.
Fruchtbar war der Ozean allerorten
Und es wirbelte von Arten ungezählt.

All dies Lebendige in den Wassern war ich...
Und ich bin dies Andere

Urschleim der Prima Materia
Die Eins und die Zehn der Tetraktys
Das Schwarze und das Rote
Kind im Bauch des Windes
Die Schrift und der Sinn
Der Herold mit dem Schlangenstab
Das Buch mit den sieben Siegeln
Der Lapis und das Gold
Haus mit den vier mal sieben Türen
Das Geheimnis und die Offenbarung

Da rief mich die Erde
Und es regte sich das Licht.
Ich wurde Tat des dritten Tages:

3. Gesang

Ich war Spore, war Alge, war Moos und Pilz,
Ich war Schachtelhalm und Riesenfarn,
Ich lebte in Teichen, im Sumpf und in Wäldern,
Ich kletterte langsam vom Boden empor
Und bildete immer feinere Blätter.
Ich war Ginkgo Biloba, zwei in Einem,
Ich war lang wachsende Fichte und breite Tanne,
Feststämmige Eiche und schlanker Birkenleib,
Ich war leise rauschende Pappel
Und blutrot leuchtende Buche,
War aufschießendes Kraut und fruchtbares Korn,
Ich war würziger Thymian, Kamille und Salbei,
War Kornblume, Klatschmohn und Margerite.

Ich war der Liebreiz der Felder,
War die Anmut der Gärten
Stolze Rose, Rittersporn, Frauenschuh.
Ich verströmte Düfte von Tausend Nelken,
War bescheidenes Veilchen versteckt im Walde.

All jenes Duftende, Heilende, Schöne war ich…
Und ich bin dies Andere

>Die Eins und die Zehn der Tetraktys
>Das Schwarze und das Rote
>Kind im Bauch des Windes
>Die Schrift und der Sinn
>Der Herold mit dem Schlangenstab
>Das Buch mit den sieben Siegeln
>Der Lapis und das Gold
>Haus mit den vier mal sieben Türen
>Das Geheimnis und die Offenbarung
>Urschleim der Prima Materia

Da durchbebte mich die Luft
Und ich wollte wandern.
Ich wurde Tat des vierten Tages:

4. Gesang

Ich entwickelte Beine, kroch als Lurche,
Hüpfte als Frosch vom Wasser an Land,
Als Natter bewegte ich wellengleich den Leib,

Auf Bäumen hangelnd und am Boden mich schlängelnd,
War Kreuzotter ich und Brillenschlange.
Kleine Eidechse war ich mit beweglichem Schwanz
Und schwamm als gefährliches Krokodil im Nil.
Als Feuersalamander war ich schwarz mit gelben Flecken,
Ein Chamäleon, wechselt' ich die Farbe nach Gebrauch.
Als Dinosaurier lief ich auf zwei hohen Beinen
Und ward gewaltiger Schrecken der Wälder,
Riesengroß und von keinem zähmbar,
Knickte ich Bäume wie Streichhölzer um.
Mal jagte ich Tiere, mal fraß ich Pflanzen,
Noch lief ich am Boden mit dem Blick zur Erde.

All jenes Gefährliche, Listige, Riesige war ich…
Und ich bin dies Andere

      Das Schwarze und das Rote
      Kind im Bauch des Windes
      Die Schrift und der Sinn
      Der Herold mit dem Schlangenstab
      Das Buch mit den sieben Siegeln
      Der Lapis und das Gold
      Haus mit den vier mal sieben Türen
      Das Geheimnis und die Offenbarung
      Urschleim der Prima Materia
      Die Eins und die Zehn der Tetraktys

Da schaute ich hoch, denn es lockte der Äther
Und Flügel wuchsen mir.
Ich wurde Tat des fünften Tages:

5. Gesang

Noch glitt ich ungeschickt von Baum zu Baum,
Dann schrumpfte der Körper und ich wurde leichter,
Federn bedeckten nun meinen Leib,
Und ausgerüstet mit Schnabel und Krallen
War bald der Typ des Vogels geboren.
Scharfblickender Adler war ich,
War Milan und Falke,
Von Winden und Böen hinaufgetragen.
Raue Lüfte schärften meine Sinne,
Bergeshöhen und Klüfte waren mein Zuhause.
Auch auf dem weiten Ozean trieb es mich umher,
Als Albatros, Tölpel oder kleine Möwe
Flog ich über ferne Meere meilenweit.
Ein stolzer Schwan, fuhr ich über blaue Seen
Und blähte meine Flügel wie Segel auf.
Ich war brütender Storch auf Kirchturmdächern,
Freudig klappernd den Frühling und die Brut begrü-
ßend.
Als Reiher jagt' ich Fische an Teichen und Tümpeln,
Eine Dommel baut' ich Nester auf schwankem Rohr.

Aus Krächzen und Gezwitscher wurde bald Gesang.
Ich wurde zum preisenden Boten des Äthers

Mit hundert Stimmen und in mannigfaltiger Gestalt:
Schwarz oder braun gefiederte Amsel,
War ich unscheinbar doch melodienreich.
Ich war Singdrossel und Kuckuck gleichermaßen,
Leuchtender Gimpel und Rohrammer im Schilf.
Ein Rotkehlchen schaut' ich mit Knopfäuglein um-
her
Und betrachtete die Kohlmeise, Akrobatin im Geäst.
Als wippender Rotschwanz besucht' ich alle Gärten
Und gesellte mich dem munteren Buchfink zu.
Aufsteigend der Sonne zugewandt,
Schmettert' ich als Lerche auf den Feldern mein
Lied,
Und in tiefer Nacht schenkt' ich den Verliebten
Den berückenden Gesang der Nachtigall.

Auch wurde ich kleines Insekt:
Käfer, Fliege, Biene, Hummel
Und schillernder Schmetterling im Sommerwind.
Ich surrte als Libelle über dem Teich
Und schlüpfte millionenfach als stechende Mücke.
Unzählbar sind die Arten, manche nie entdeckt,
Bevölkern sie die Lüfte allerorten.

All jene war ich, war Stolz, war Schönheit, war Prei-
sen…
Und ich bin dies Andere

    Kind im Bauch des Windes
    Die Schrift und der Sinn
    Der Herold mit dem Schlangenstab

Das Buch mit den sieben Siegeln
Der Lapis und das Gold
Haus mit den vier mal sieben Türen
Das Geheimnis und die Offenbarung
Urschleim der Prima Materia
Die Eins und die Zehn der Tetraktys
Das Schwarze und das Rote

Da wollte ich in mir das Leben spüren
Junge gebären und sie säugen.
Ich wurde Tat des sechsten Tages:

6. Gesang

Als flinke Maus oder gefräßige Ratte
Lebte ich auf Feldern und in Kanälen,
Als Kaninchen und Fuchs in einem Bau in der Erde.
Ein zottiger Braunbär, diente mir die Höhle
Im Winter zu ausgiebigem Schlaf.
Allein durchstreifte ich dichte Wälder,
Nur von meinen Jungen begleitet.
Als Panda kletterte ich auf Bäumen,
Als Eisbär glitt ich auf Meeresschollen.
Ein Wolf, jagte ich die Beute im Rudel,
Als Tiger oder Löwe wagt' ich allein mein Glück.
Ich lebte in Savannen und in Steppen,
Stellte Antilopen und Zebras nach.
Als zahmes Rind stand ich auf der Weide
Oder blökte als Schaf in einer großen Herde.
Ein Pferd lebte ich wild und frei in Prärien

Oder stand, vom Menschen gezähmt, im Stall.
Als Reh oder Hirsch lebte ich versteckt im Wald,
Als Elefant folgte ich der alten Leitkuh
Durch Steppen, karge Länder und Wüstenstreifen,
Um im Strom mich zu laben und zu baden.
Als Flusspferd, Seekuh oder Robbe
Lebte ich im Wasser in meinem Element,
Und als Fledermaus erhob ich mich gar in die Luft.
Als Affe unterschiedlichster Art
Trieb ich mein Unwesen auf Bäumen,
Als Schimpanse lebte ich kämpferisch,
Als Bonobo war ich friedfertiger Geselle.
Ein riesiger Gorilla, begnügt' ich mich mit Blattwerk
Und als Orang-Utan suchte ich der Regenwälder
Schutz.
Als Menschenaffe lebte ich in einem sozialen Ver-
band
Und entwickelte manche Fertigkeiten.

All jene säugenden, jagenden, ruhenden war ich…
Und ich bin dies Andere

    Die Schrift und der Sinn
    Der Herold mit dem Schlangenstab
    Das Buch mit den sieben Siegeln
    Der Lapis und das Gold
    Haus mit den vier mal sieben Türen
    Das Geheimnis und die Offenbarung
    Urschleim der Prima Materia
    Die Eins und die Zehn der Tetraktys

Das Schwarze und das Rote
Kind im Bauch des Windes

Da rief mich das Licht und ich richtete mich auf,
Um aufwärts durch Wald und Steppe zu schreiten.
Und ich wurde Tat des siebenten Tages:

7. Gesang

Als Homo habilis war ich mehr Affe noch als
Mensch,
ernährte mich von Aas und Pflanzenkost.
Zum Homo erectus endlich geworden,
Erblickte ich das Licht, wusste Werkzeug zu gebrau-
chen,
Erlegte das Tier und sammelte die Beeren.
Neandertaler war ich in Europas dunklem Forst
Und Homo sapiens in Afrikas Savannen.
Ich suchte Spuren wilder Tiere im australischen
Busch,
Bestellte auch Felder und pflanzte Bäume.
Im Land der Pharaonen erbaut' ich Pyramiden,
In Amerikas Prairie als Indianer den Wigwam.
Ein Inkafürst war ich im Hochland von Peru.
Ich hütete die Yaks in Nepal und Tibet
Und jagte auf dem Pferd durch die kirgisische Step-
pe.
Von den Osterinseln schiffte ich ins ferne Hawai,
Als wilder Normanne kreuzte ich im kalten Nord-
meer.

Eine griechische Bäuerin, sammelt' ich Oliven,
Als römische Priesterin opfert' ich den Göttern.
In China lernte ich von weisen Meistern,
Was in Japan ich zu gebrauchen wusste.
Ich lebte in Frankreich, in Holland, in Deutschland
Und nahm vom Wesen einer jeden Kultur.

In all diesen Ländern vollbrachte ich Taten,
Liebte das Leben in jeglichem Ausdruck,
Und sah Kulturen erblühen und vergehen.

All jenes Wilde, Abenteuerliche, Suchende war
ich…
Und ich bin dies Andere

> Der Herold mit dem Schlangenstab
> Das Buch mit den sieben Siegeln
> Der Lapis und das Gold
> Haus mit den vier mal sieben Türen
> Das Geheimnis und die Offenbarung
> Urschleim der Prima Materia
> Die Eins und die Zehn der Tetraktys
> Das Schwarze und das Rote
> Kind im Bauch des Windes
> Die Schrift und der Sinn

Und es ward eine andere Zeit.
Sie zog mich ins Reich des Fühlens
Und ich wurde Tat des achten Tages.

8. Gesang

Als erbarmungsloser Krieger bekämpfte ich den
Feind,
Als liebende Mutter weinte ich um den Toten.
Ein lügnerischer Ehemann, betrog ich das Weib,
Als verlassene Braut trauert' ich um den Liebsten.
Ich war ein rauer Knabe, der Esel und Hunde schlug
Und war sanfte Hirtin unter weidenden Lämmern.
Ich war stets sorgender Vater, aber dunkel und ver-
schlossen,
Und war ängstliche Tochter, nur in Träumen zu
Haus.
Ich war gieriger Kaufmann, strebend nach Gewinn
Und gütiger Schulmeister in Armut und Not.
Ich war brotlose Künstlerin, neidisch auf Erfolg,
Und großmütiger Gelehrter, der sein Wissen ver-
schenkte.
Ich war gebrechliche Alte, starr und verknöchert,
Und war lachender Knabe, unbeschwert und frei.
Ich war rastloser Flüchtling, gejagt von Häschern,
Und war elender Verfolger, grausam und böse.
Ich war kurpfuschender Baader, aus auf Entlohnung
Und kränklicher Herzog, der ihn in den Kerker sperr-
te.
Ich war mitfühlender Heiler, der die Menschen lieb-
te,
Und war Priesterin, die das Vergeben lehrte.
Ich war der Schmerz und die Tränen, die Wut
Und das Verzeihen, das Lachen und die Freude.

Das alles war ich, lebt' ich, erfuhr ich…
Und das Fühlen vertiefte sich zur Seelenempfindung.
Und ich bin dies Andere

    Das Buch mit den sieben Siegeln
    Der Lapis und das Gold
    Haus mit den vier mal sieben Türen
    Das Geheimnis und die Offenbarung
    Urschleim der Prima Materia
    Die Eins und die Zehn der Tetraktys
    Das Schwarze und das Rote
    Kind im Bauch des Windes
    Die Schrift und der Sinn
    Der Herold mit dem Schlangenstab

Und es ward eine lichtere Zeit.
Sie öffnete mir das Denken und das Reich des Geistes.
Ich wurde Tat des neunten Tages.

9. Gesang

Ich war mutiger Entdecker und neu erforschtes Land.
Ich war geschickter Kommissar und raffinierter
Mörder.
Ich war kluger Richter und gewitzter Dieb.
Ich war wissbegieriger Schüler und lernender Lehrer.
Ich war erfahrener Psychologe und erforschte Seele.
Ich war tumber Herrscher und weiser Bettler.

Ich war analysierender Biologe und geknechtete Natur.
Ich war intelligenter Mathematiker und die Weltenformel.
Ich war kreativer Künstler und seine Muse.
Ich war Geistführer des Menschen und Dämon seiner Seele.
Ich war leuchtender Hierophant und gehorsamer Myste.
Ich war einsiedlerischer Mönch und ihn zerstreuender Geist.
Schriftgelehrter war ich und Deuter fremder Sprachen
Und Analphabet, des Wortes unkundig.
Ich war geschulter Philosoph und die verkündete Lehre.
Ich war die Frage und die Antwort.
Ich war Ödipus und die Sphinx,
War das Rätsel und die Lösung.

All jenes Kluge, Gewitzte und Weise war ich…
Und das Denken vertiefte sich zum Sinnen der Seele.
Und ich bin dies Andere

  Der Lapis und das Gold
  Haus mit den vier mal sieben Türen
  Das Geheimnis und die Offenbarung
  Urschleim der Prima Materia
  Die Eins und die Zehn der Tetraktys
  Das Schwarze und das Rote
  Kind im Bauch des Windes

Die Schrift und der Sinn
Der Herold mit dem Schlangenstab
Das Buch mit den sieben Siegeln

Und es ward eine kosmische Zeit.
Sie lehrte mich meine Schöpfungsmacht.
Ich wurde Tat des zehnten Tages.

10. Gesang

Ich war der Ingenieur, der die Brücke konstruierte,
Welche den Abgrund der Angst überwand.
Und ich bin diese Brücke ins Licht.

Ich war der Architekt, der das Haus erbaute,
Und ich bin dieses Haus, das kosmische Herz.

Ich war der Astrologe, der die Gestirne erforschte,
Und ich bin leuchtender Stern im Universum.

Ich war der Philosoph, der die Wahrheit erkannte,
Und ich bin diese Wahrheit, die weiterführt.

Ich war der Bildhauer, der den Stein bezwang,
Und ich bin dieses lebendige Abbild der Schönheit.

Ich war der Dichter, der das Theaterstück ersann,
Und ich bin dieses Stück, Schauspieler und Regisseur.

Ich war der Musiker, der die Sinfonie komponierte,
Und ich bin diese Melodie unendlichen Seins.

Ich war der Maler, der das Bild vollendete,
Und ich bin dieses Bild, Gottes Ebenbild auf Erden.

Ich war der Sänger, der die Schöpfung pries,
Und ich bin der Gesang unendlicher Liebe.

Dies alles bin ich im Eins-Sein
mit dem lebendigen LOGOS...
Und ich bin zugleich dies Andere

    Haus mit den vier mal sieben Türen
    Das Geheimnis und die Offenbarung
    Urschleim der Prima Materia
    Die Eins und die Zehn der Tetraktys
    Das Schwarze und das Rote
    Kind im Bauch des Windes
    Die Schrift und der Sinn
    Der Herold mit dem Schlangenstab
    Das Buch mit den sieben Siegeln
    Der Lapis und das Gold

Und ich bin... ich bin... ICH BIN

Anmerkung:

Die mit * gekennzeichneten Gedichte erfuhren eine Erstveröffentlichung in der von mir herausgegebenen großen internationalen Engelgedicht-Anthologie *Die Poesie des Himmels. Eine literarische Reise durch die Welt der Engel*, Freiburg im Breisgau 2008.

Autorenportrait Dr. Josefine Müllers

Literaturwissenschaftlerin
Fachautorin
Schriftstellerin
Spirituelle Lehrerin

Die Autorin ist 1948 am Niederrhein geboren. Sie machte zunächst eine Übersetzerausbildung mit Tätigkeiten im In- und Ausland. Dann absolvierte sie ein Studium als Germanistin und Romanistin. Sie studierte Deutsch, Französisch, Spanisch, Philosophie und Pädagogik mit den Abschlüssen I. und II. Staatsexamen und Promotion in Neuerer Deutscher Literatur. Es folgten intensive private Studien der Psychologie, Mythologie und Symbolkunde. Sie ist Mitglied der Wissenschaftlichen Symbolgesellschaft.

Sie arbeitete als Dozentin für Literatur und Sprachen in der Universität und in der Erwachsenenbildung, als Deutsch- und Französisch-Lehrerin in der Schule, als Seminarleiterin und Beraterin in spiritueller Psychologie und Symbolwissenschaft. Heute lebt sie als frei schaffende Autorin und spirituelle Lehrerin in

Überlingen am Bodensee und hält Lesungen, Vorträge und Seminare.

Sprachen: Deutsch, Französisch, Spanisch, Englisch (fließend);
Italienisch, Portugiesisch., Latein (gute Grundkenntnisse)

Veröffentlichungen:

Bücher und Hörbücher:

Liebe, Erkenntnis und Dichtung. Ganzheitliches Welterfassen bei Goethe und Hölderlin, Frankfurt a. M. 1992

Die Ehre der Himmlischen. Hölderlins *Patmos-Hymne* und die Sprachwerdung des Göttlichen, Frankfurt a. M. 1997

Liebe und Erlösung im Werk Johann Wolfgang von Goethes, Frankfurt a. M. 2008

Die Poesie des Himmels. Eine literarische Reise durch die Welt der Engel. Große Engelgedicht-Anthologie, Hrsg. und Mitautorin, Freiburg 2008

Dazu auch Hörbuch: Die Poesie des Himmels, (Auszüge aus dem obigen Buch, gelesen von Nina Petri mit harfen-musikalischer Begleitung von Anne-Sophie Bertrand), Freiburg 2008

Neuauflage des Hörbuchs: Wie Engel auf Erden, Freiburg 2013

Amor und Psyche. Das Mysterium von Herz und Seele, Frankfurt a. M. 2011

Geheimnis und Verwandlung. Märchen und Initiationsgeschichten, Berlin 2013

Erinnerung an das Sein. Gedichte um Mensch und Natur, Hamburg 2016

Der Liebe selig Lied. Liebeslyrik, Hamburg 2016

Und ewig ist der Augenblick, Gedichte, Hamburg 2017

Hortulus Bestiarum. Komische Lyrik vom Sinn und Unsinn des Lebens, Hamburg 2017

Reisen ins Herz. Traum und Selbst-Erkenntnis, Hamburg 2018

Traum-Brunnen - Wege zur Weisheit des Selbst, Hamburg 2019

Aufsätze:

Lesend aber gleichsam, wie in einer Schrift. Anmerkungen zu Hölderlins hymnischen Betrachtungen *Was ist der Menschen Leben?* und *Was ist Gott?* in: Hölderlin-Jahrbuch 1994-95

An der Hand des Engels. Der Engel in bildender Kunst und Literatur, in: *Symbolon*, Jahrbuch für Symbolforschung, Neue Folge, Band 13, 1997

Das sich offenbarende Geheimnis: Goethes *Märchen* der Erlösung. Ein Beitrag zum symbolischen Verstehen, in: *Symbolon*, Band 14, 1999

Die Sprache des Selbst und ihre Wandlungen im Medium des Traums, in: *Symbolon*, Bd. 17, 2010

Die Bewusstwerdung des Göttlichen im Menschen, in: *Lichtfokus* Nr. 47, Herbst 2014

außerdem:

Parabeln, Märchen, Kurzprosa, Lyrik und Lyrik-Übersetzungen in Anthologien und literarischen Zeitschriften

Zeitfracht Medien GmbH
Ferdinand-Jühlke-Straße 7
99095 Erfurt, Deutschland
produktsicherheit@kolibri360.de